Für Lukas

Sabine Kalwitzki

Flieg mit auf der Kuschelwolke

Fantasiereisen zum Entspannen und zur guten Nacht

mit Illustrationen von Hildegard Müller

Loewe

Der Umwelt zuliebe ist dieses Buch auf chlorfrei gebleichtem Papier gedruckt.

ISBN 3-7855-4769-2 – 2. Auflage 2003

Umschlagillustration: Hildegard Müller
Umschlaggestaltung: Barbara Weishaupt
Redaktion: Rebecca Schmalz
Herstellung: Annette Schnauder
Gesamtherstellung: DELO tiskarna
Printed in Slovenia

www.loewe-verlag.de

Inhalt

Einleitung:

Fantasiereisen:

Wissenswertes über Fantasiereisen:

Einleitung

Mit Fantasiereisen ins Reich der Träume

In vielen Familien haben Märchen und Geschichten einen festen Platz.

Die ruhige Atmosphäre des Vorlesens und die körperliche Nähe zu den Eltern tun Kindern besonders beim Zubettgehen gut. Sie helfen ihnen, Abstand vom Alltag zu gewinnen und zu guten und sicheren Gefühlen zu kommen, die sie beruhigt einschlafen lassen.

Fantasiereisen sind als Gutenachtgeschichten besonders gut geeignet. Mit ihren Ruheelementen können sie den Weg von Anspannung zur Entspannung – oder vom Tag in den Traum – bereiten.

Fantasiereisen arbeiten mit Bildern, die viele Menschen mit Ruhe und Entspannung assoziieren: etwa die Vorstellung von einem Spaziergang am Meer oder von anderen Orten, an denen man sich besonders wohl und geborgen fühlt. Man nennt dies „Imagination“. Dabei werden auch die einzelnen Sinne sensibilisiert. So können beim erzählten Strandspaziergang auch der salzige Geschmack auf den Lippen, der Wind auf der Haut und das Geräusch der Wellen in die Geschichte eingebracht werden.

Für Kinder und Erwachsene, die ihre ersten Erfahrungen mit Fantasiereisen sammeln, werden diese Bilder und Vorstellungen vom Erzähler detailliert beschrieben. Später genügt es, die genannten Bilder nur anzudeuten. Der erfahrene Zuhörer wird sie mit seinen eigenen Vorstellungen füllen.

Kinder lassen sich gerne auf Fantasiereisen ein und tauchen dabei leicht in die fantasievoll-magische Bilderwelt ein, die sie so reich in sich tragen. Sie genießen die Momente der Ruhe und Entspannung und empfinden die emotionale Zuwendung des Erzählenden besonders intensiv.

Zusätzlich zu den imaginierten Bildern und Sinneseindrücken können auch Entspannungstechniken wie etwa Elemente des autogenen Trainings, der progressiven Muskelentspannung oder der Atembeobachtung die Fantasiereisen ergänzen. (Nähere Informationen dazu finden Sie ab Seite 67.) Sie lassen angenehme Gefühle der Ruhe, Wärme und wohliger Schwere entstehen. Der Atemfluss beruhigt sich, Entspannung stellt sich ein.

Sie als vorlesende Eltern tragen über Ihre, dem Kind so vertraute Stimme und durch ruhiges Erzählen zur entspannenden Wirkung der Fantasiereisen bei.

Kinder können die über Fantasiereisen erlernten Entspannungstechniken mit einiger Erfahrung dann auch selbstständig anwenden.

Ich wünsche Ihrem Kind ruhige und erholsame Träume und Ihnen entspannende Ruhepausen beim Vorlesen.

Sabine Kalwitzki

Praktische Fantasie-Reise-Tipps

Entspannende Fantasiereisen brauchen einen geschützten Rahmen und eine angenehme Atmosphäre. Achten Sie deshalb darauf, dass die Fantasiereise in Ruhe und ungestört stattfinden kann.

Kinder haben ein gutes Gespür dafür, ob und wieweit sie sich auf eine Fantasiereise einlassen wollen. Die Teilnahme an Fantasiereisen ist immer freiwillig.

Als Eltern haben Sie bestimmt schon die Erfahrung gemacht, dass Ihre eigene Ruhe oder Unruhe sich auf Ihr Kind überträgt. Überlegen Sie deshalb, ob Sie sich auf eine Fantasiereise überhaupt einstellen können und wollen. Vielleicht machen Sie aber auch die Erfahrung, dass Sie als Vorlesender gemeinsam mit Ihrem Kind über eine Fantasiereise zur Ruhe finden.

Erwarten Sie beim Vorlesen der ersten Fantasiereise kein Entspannungswunder. Aber vertrauen Sie darauf, dass sich die wohltuende Wirkung nach einiger Zeit einstellen wird.

Wählen Sie aus den Geschichten jeweils eine aus, die an diesem Abend besonders gut zu der Stimmung Ihres Kindes zu passen scheint.

Lesen Sie die Fantasiereise langsam, leise und mit ruhiger Stimme vor. Machen Sie nach jedem Satz eine kurze Sprechpause. Die kleinen Wolken zeigen Ihnen längere Sprechpausen an, die Ihrem Kind Zeit und Raum geben, seine eigenen inneren Bilder zu entwickeln.

Achten Sie während des Vorlesens auf die Reaktionen Ihres Kindes. Im Rahmen einer Fantasiereise können auch mal für Ihr Kind unangenehme Bilder und Erinnerungen auftauchen. Gehen Sie darauf ein, falls Ihr Kind unruhig wird oder angespannt wirkt. Indem Sie z. B. seine Hand nehmen, können Sie ihm zeigen, dass Sie seine Gefühle wahrnehmen.

Wenn Sie sich selbst gerne Geschichten ausdenken, können Sie die vorliegenden Fantasiereisen als Anregung nehmen, selbst ganz persönliche Traumreisen für Ihr Kind zu erfinden.

Leise Entspannungsmusik zur Fantasiereise? Probieren Sie aus, ob es Ihnen und Ihrem Kind gefällt.

Duftöle sollten, wenn überhaupt, nur bei Fantasiereisen am Tag eingesetzt werden. Verwenden Sie gegebenenfalls nur reine, natürliche Öle, und lassen Sie sich ausführlich über die Wirkung der unterschiedlichen Wirkstoffe beraten.

Bei einer Fantasiereise am Tag erfolgt immer eine Rückführung zur Aktivität. Abends jedoch ist es natürlich in Ordnung, wenn Kinder bereits während des Vorlesens einschlafen und das Ende der Fantasiereise gar nicht mehr mitbekommen.

Fantasiereisen

Knuddelbär und Hoppelhase

Nun leg dich bequem hin, und spüre, ob deine Arme und Beine schon den richtigen Platz gefunden haben und sich gut ausruhen können. Dein Rücken, deine Schultern und dein Kopf suchen sich eine gemütliche Stellung. Deine Decke hüllt dich warm und weich ein, und du machst die Augen zu, damit du meine Geschichte gut hören kannst.

Du liegst also gerade so richtig gemütlich in deinem Bett und willst einschlafen, da merkst du, dass jemand an deiner Bettdecke zupft.

Als du die Augen aufmachst, siehst du deinen kleinen Knuddelbären.

„Ich kann nicht schlafen!“, sagt er. „Kann ich zu dir ins Bett kommen?“

Und weil du ihn so gerne hast, hebst du die Bettdecke ein wenig an, und der kleine Bär schlüpft zu dir ins Bett.

Du gibst ihm einen Gutenachtkuss und nimmst ihn in die Arme.

Ihr seid schon fast eingeschlafen, als du merkst, dass schon wieder jemand an deiner Bettdecke zupft.

Du machst die Augen auf, und da steht der dicke Hoppelhase vor dem Bett und schaut dich mit großen Kulleraugen an.

„Ich kann nicht schlafen, kann ich zu euch ins Bett kommen?“, fragt er.

Und weil ihr beide, du und dein Knuddelbär, den Hasen so gern habt, lupft ihr ein wenig die Bettdecke, der Hase hüpft hinein, kuschelt sich gemütlich bei euch an und schläft sofort ein.

Es ist schön, den Knuddelbären und den Hasen zu spüren. Sie sind warm und weich, und du fühlst dich wohl mit ihnen.

Ob die beiden wohl etwas Schönes träumen?

Der kleine Hase hat einen wilden, aufregenden Traum. Er träumt, dass er ein berühmter Detektiv ist und gerade einen Bankräuber jagt. Der Bankräuber hat im Stadtpark eine Bank geklaut. Das muss er ja tun, weil er eben ein Bankräuber ist. Er hat also eine Bank geklaut, ausgerechnet die Lieblingsbank vom kleinen Hasen. Das geht natürlich nicht, und deshalb verfolgt der kleine Hase den Bankräuber auch.

Du merkst ganz genau, dass der kleine Hase einen wilden, aufregenden Traum hat, denn er zappelt im Schlaf mit seinen Beinchen und stupst dich dabei in den Bauch.

Da fängt auch der kleine Knuddelbär an zu träumen. Einen mächtig spannenden Traum. Er träumt, dass er ein Bankräuber ist und dass der kleine Hase ihn verfolgt. Er läuft, so schnell er kann, aber die Bank auf seinem Rücken ist so schwer! Deshalb muss er immer wieder stehen bleiben und sich ein bisschen ausruhen. Seine Beine sind schwer und müde und wollen nicht mehr weiterlaufen.

Natürlich merkst du, dass auch der kleine Knuddelbär einen wilden Traum hat, denn selbst im Schlaf rudert er noch mit seinen dicken, kleinen Knuddelbärenärmchen, und du bekommst immer wieder einen Stupser ab.

Jetzt wird es dir aber zu bunt! Wer kann denn bei so wilden Träumen schlafen? Du jedenfalls nicht.

Da fällt dir deine Hängematte ein. Sie hängt in einer Zimmerecke, wippt leise vor sich hin und wartet auf dich.

Ganz vorsichtig, damit der Knuddelbär und der kleine Hase nicht aufwachen, schlüpfst du aus deinem Bett. Du deckst den Hasen und den Bären mit dem Kopfkissen gut zu und gibst ihnen einen Gutenachtkuss. Jetzt können die beiden in Ruhe weiterträumen. Du aber legst dich mit deiner Bettdecke in die Hängematte.

Wie bequem es hier ist! Sanft schaukelt dich die Hängematte hin und her. Sie trägt dich und wiegt dich so sanft, wie du es schon als kleines Baby gerne gemocht hast. Da hast du in meinen Armen gelegen, und ich habe dich gewiegt und leise mit dir gesprochen. Ganz leise und zart. Ich habe dir über den Kopf gestreichelt und dir gesagt, dass du jetzt ruhig einschlafen kannst. Alles ist gut, und du kannst ruhig schlafen. Du spürst deine weiche Decke. Sie hüllt dich ein und hält dich warm. Fühl mal, wie warm deine Arme und deine Beine sind. Warm und schwer sind sie jetzt, es geht dir gut, und du kannst friedlich schlafen.

Nun träum was Schönes, und hab eine gute Nacht!

Und wenn du morgen Früh wieder aufwachst, dann erzählst du mir von deinen Träumen. Ich freu mich drauf.

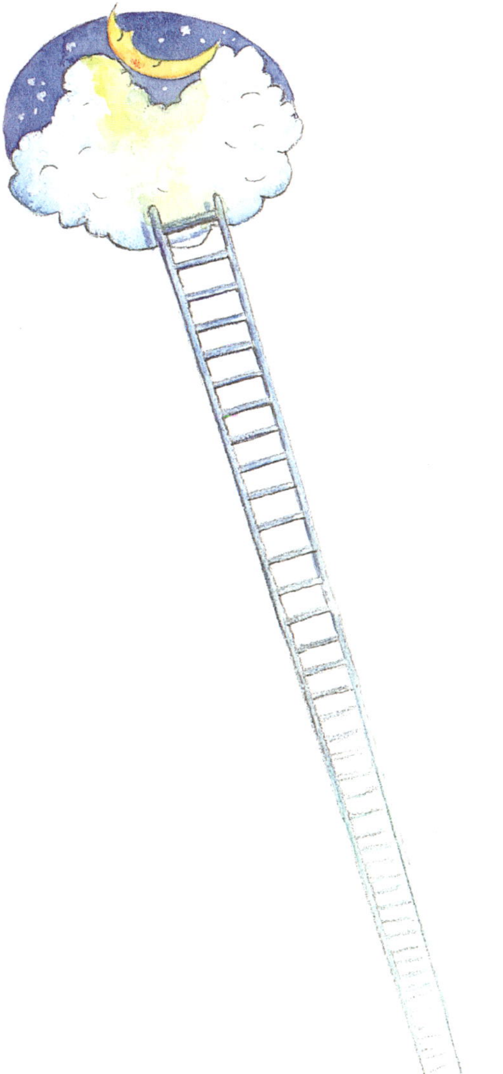

Bauer Abendruhs Nachtgeschichte

Der Tag neigt sich dem Ende zu. Träge schickt die Sonne ihre letzten milden Strahlen auf die Erde und taucht Bäume und Felder, Blumen und Wälder in warmes Dämmerlicht.
Auch auf dem Hof von Bauer Abendruh wird es langsam still.

„Gute Nacht, ihr Lieben“, sagt die Sonne und versinkt langsam hinter den grünen Hügeln.

Die Enten auf dem Teich schwimmen ans Ufer und lassen sich unter den hängenden Zweigen der alten Weide in ihrem Nest nieder. Vorsichtig nimmt die Entenmutter ihre Küken unter die Fittiche und deckt sie mit ihren warmen Federn zu.

Die Küken sind heute zum ersten Mal auf dem Teich geschwommen. War das aufregend! Nun merken sie, wie müde ihre kleinen Füßchen sind, und sie freuen sich über ihr bequemes Nest.

„Macht die Augen zu, meine Lieblinge!“, sagt die Entenmama. „Ich wünsche euch schöne Träume.“

Und die Entenküken kuscheln sich fest aneinander und schlafen warm und sicher ein.

Gar nicht weit weg, drüben im großen Stall, legt sich auch das kleine Fohlen zur Ruhe. Den ganzen Tag hat es auf der Weide gespielt und ist übermütig den Schmetterlingen hinterhergesprungen. Welch eine Freude, so über die Koppel zu jagen und sich im Gras zu wälzen! Aber jetzt ist das Fohlen müde. Wie warm das Stroh ist! Und wie angenehm es duftet!

Die Pferdemama schnuppert liebevoll am Fell ihres kleinen Lieblings und schnaubt leise mit den Nüstern: „Schlaf gut, meine kleine Prinzessin! Wie schön, dass ich dich habe!“

Das kleine Fohlen genießt die Nähe seiner Mama und schläft friedlich ein.

Auch die jungen Kätzchen kuscheln sich ganz eng zusammen. Sie haben den großen Stall erforscht und Fangen gespielt. Wie müde sie jetzt sind!

Alle sieben Katzenkinder liegen bei ihrer Mutter in einer kleinen Höhle aus Stroh, die sie ihnen für die Nacht bereitet hat: die kleine rote, die getigerte, die schwarz-weiß getupfte, die so besonders neugierig ist, die kleine mit dem schneeweißen Fell und die freche schwarze mit den weißen Pfötchen. Die beiden kleinsten Kätzchen haben noch Durst und trinken einen letzten Schluck warme Milch. Hmm, ist das gut! Die kleinen Kätzchen strecken sich, müde von diesem langen Tag. Warm und friedlich liegen sie am Bauch ihrer Katzenmama und genießen das zarte Schnurren, das sie hören und spüren können und das ihnen das Gefühl gibt, sicher und geborgen zu sein. „Habt eine gute Nacht!", schnurrt die Katzenmama. „Ich bin bei euch und passe auf euch auf."

Und die Katzenbabys schließen ihre Augen und schlafen wohlig ein.

Nun ist es ganz still im Stall. Friedlich und leise senkt sich die Dunkelheit über die kleinen und großen Tiere auf Bauer Abendruhs Hof.

Der Mond steigt am Himmel empor, hoch über die Baumspitze der alten Weide, unter der die Entenküken schlafen. Er kann die Entchen sehen, wenn er durch die Zweige lugt. Sie schlafen warm und sicher. Der Mond schickt sein silbernes Licht auch in den großen Stall. Das kleine Fohlen träumt ruhig und friedlich. Und die Katzenbabys genießen im Schlaf das wärmende Fell ihrer Mutter.

„Es ist gut", denkt der Mond. „Die kleinen und großen Tiere schlafen friedlich, und ich wache über sie. Ob auch schon alle Kinder schlafen?" Der Mond setzt seine Reise über den Himmel fort und leuchtet in die Kinderzimmer hinein.

Der kleine Junge von Bauer Abendruh hält seinen Teddy fest im Arm und lächelt im Schlaf. Sein Schwesterchen nuckelt am Daumen.

„Es ist gut", denkt der Mond. „Schlaft ruhig und friedlich, ihr kleinen Mädchen und Jungen, all ihr wunderschönen Kinder, die ihr so neugierig ins Leben geht. Schlaft gut in den neuen Tag!"

Und nun schlaf auch du, mein kleiner Schatz. Kuschele dich in deine Decke wie die Katzenbabys in ihre Höhle aus Stroh. Fühl mal, wie gut das tut. Du bist angenehm müde und spürst deine weiche Decke. Sie hüllt dich ein und wärmt dich. Müde und sicher kannst du jetzt einschlafen. So weich wie die Entenküken, so warm wie das Fohlen und so sicher wie die kleinen Katzenbabys. Ich wünsch dir schöne Träume.

Der Schatz der Meereskönigin

Nun deck dich gut zu, und schließ die Augen. Ich erzähle dir heute die Geschichte vom kleinen Delfin.

Stell dir vor, du schwimmst im Meer. Das Wasser ist warm und fühlt sich angenehm an. Das Wasser trägt dich, und du magst es, so gemütlich dahinzuschwimmen. Du schaust dir den blauen Himmel an und das klare Meer, auf dem tausend kleine Sonnenlichter blitzen. Vom Strand bist du ein kleines Stückchen entfernt. Gerade so weit, dass du gut wieder zurückschwimmen kannst, wenn du es möchtest.

Da taucht neben dir eine lustige, kleine Schnauze aus dem Wasser auf, und ein kleiner Delfin führt dir seine Kunststücke vor. Er springt in die Luft und macht dabei Purzelbäume. Er tanzt auf seiner Schwanzflosse und taucht wie ein silberner Pfeil unter dir hindurch, schneller, als du schauen kannst.

„Wo sind denn deine Flossen?", fragt der kleine Delfin neugierig und schaut sich deine Arme und Beine mit großen Augen an.

„Ich habe keine Flossen, sondern Arme und Beine, ich bin doch ein Menschenkind!", erklärst du dem Delfin.

„Komm, ich zeig dir meinen Lieblingsspielplatz!", sagt er. „Halt dich einfach nur an meiner Flosse fest, dann geht es schneller." Schon durchpflügt ihr die Wellen, und die Wassertröpfchen kitzeln lustig deine Nasenspitze.

Was für ein schönes Gefühl, an der Flosse des kleinen Delfins sicher im Wasser dahinzugleiten.

Das Wasser strömt um deinen Körper, deine Arme, deine Beine und massiert dich kräftig durch. Du spürst, wie dir warm wird. Wohlig warm sind deine Arme und Beine, während du mit dem Delfin durch das Wasser gleitest. Es ist schön, gezogen zu werden und an nichts mehr zu denken. Du genießt es, und es fühlt sich gut an. Du möchtest schwimmen können wie ein Delfin und tauchen wie er und dir die Welt unter Wasser ansehen. Und siehe da, auf einmal kannst du es.

Als der Delfin mit dir untertaucht, wird es ganz ruhig um euch herum. Wie ein Fisch kannst du unter Wasser atmen – und leise perlen kleine Luftblasen nach oben zur Wasseroberfläche. Du hörst nicht mehr die Geräusche des Windes und des Meeres, es ist angenehm dämmrig um euch herum.

Bald haben sich deine Augen an das Dämmerlicht unter Wasser gewöhnt. Du siehst wunderbare Seepflanzen auf dem Grunde des Meeres, und kleine Seepferdchen tanzen um euch herum. Wie schön es hier ist!

Bunte, große Fische schwimmen vorbei und betrachten dich kleines Menschenkind neugierig. „Was für ein hübscher Fisch!", blubbern sie. „Wo sind denn deine Flossen?"

Schillernde Schwärme mit tausenden Fischen ziehen wie die Vögel am Himmel ihre Bahn und haben Freude daran, blitzschnell die Richtung zu wechseln, sodass ihre Glitzerschuppen blitzen wie ein festliches Feuerwerk.

Schließlich kommst du mit deinem Freund, dem kleinen Delfin, zu einem Korallenriff.

Prächtige rote Korallen und zartrosa Seeanemonen leben einträchtig nebeneinander auf einem Felsen. Leicht und lautlos bewegen sie sich in der Strömung des Meeres hin und her.

„Wir sind da!", sagt der kleine Delfin. „Hier in diesem versunkenen Seeräuberschiff spiele ich am liebsten. Besonders spannend ist es, die Kabinen zu durchstöbern."

Neugierig folgst du dem kleinen Delfin.

Da ist ja das Steuerrad – und ein altes Fass!

Eine Treppe führt hinunter in eine richtige Seeräuberkapitänskajüte! Mit Schwertern an den Wänden, einem Kompass und einer riesigen Seemannstruhe. Was da wohl drin sein mag?

Neugierig versuchst du, die Truhe zu öffnen. Das ist vielleicht anstrengend!

Endlich gibt der Deckel nach, und die Truhe öffnet sich. Sie ist über und über voll mit Perlen. Rosa, blau und weiß schimmern sie in zartem Glanz. Große Perlen und kleine Perlen. Was für einen tollen Schatz hast du da gefunden!

„Das muss der berühmte Perlenschatz der Meereskönigin sein!", flüstert der kleine Delfin. „Ein Seeräuber hat ihn vor langer Zeit gestohlen. Es heißt, wer ihn findet, darf sich eine Perle aussuchen und sich etwas wünschen."

Also wählst du eine besonders schöne Perle aus, schließt

die Augen und denkst ganz fest an einen Wunsch, der für dich unbedingt in Erfüllung gehen soll.

Zufrieden machst du dich mit dem kleinen Delfin wieder auf den Weg an die Wasseroberfläche. Dort verabschiedest du dich von deinem kleinen Freund.

Du schwimmst zurück an den Strand und legst dich in den weichen, warmen Sand, um noch einmal in Ruhe über dein Erlebnis nachzudenken. In deiner Hand spürst du immer noch die Perle, der du deinen Wunsch anvertraut hast.

Du merkst, wie müde deine Arme und Beine sind und wie schwer und angenehm warm dein Körper in dem warmen Bett aus Sand liegt. Entspannt und warm und schwer fühlst du dich. Wie gut es dir doch geht! Dein Atem fließt ruhig und gleichmäßig. So wie die Wellen an den Strand laufen und wieder zurückfließen. Ruhig und gleichmäßig atmest du ein und aus. Ein und aus.

Und jetzt schlaf schön, und hab angenehme Träume.

Vielleicht geht im Traum dein Wunsch ja schon in Erfüllung.

Reisebüro Hummel

Manchmal träumt man ja die seltsamsten Sachen. Die Geschichte vom Reisebüro Hummel ist so ein besonderer Traum.

Also mach es dir bequem, schließ die Augen, und hör dir an, was du mit dem Reisebüro Hummel alles erleben kannst.

Es ist ein milder Frühlingstag.

Du bist auf dem Spielplatz und schaukelst ein bisschen. Spürst du, wie der Wind um deine Beine weht, während du vor- und zurückschwingst? Über dir ziehen die Wolken am Himmel langsam und gemächlich dahin auf dem Weg in ferne Länder.

„So wie die Wolken würde ich auch gerne einmal rund um die Welt fliegen", denkst du. Auf der Schaukel schwingst du vor und zurück, und dabei fühlst du dich ganz leicht und frei.

Alles ist so ruhig, so wunderbar ruhig.

Bis du auf einmal ein seltsames Brummen in der Luft hörst. Es kommt näher und näher, und du siehst eine dicke, gemütliche Hummel auf dich zufliegen. Genau vor dir macht sie Halt.

„Gestatten, Brummerich Hummel vom Reisebüro Hummel, stets zu deinen Diensten!“, sagt sie zu dir. „Du hast gerade einen Rundflug bestellt. Wir hätten da heute eine unserer beliebten Bequemreisen im Angebot. Bitte, steig auf!“

In diesem Moment bist du so leicht und klein, dass du bestimmt mit der Hummel mitfliegen kannst. Also kletterst du ganz einfach auf ihren Rücken. Sicherheitshalber hältst du dich aber an ihren Hummelhärchen gut fest, damit du nicht herunterfällst.

„So doch nicht!“, lacht die Hummel. „Ich erklär dir mal, wie das mit den Bequemreisen geht:

Also, leg dich auf den Rücken, kuschele dich in mein Hummelfell, und schließe die Augen. Du liegst ganz sicher und warm. Unsere Bequemreisen beginnen immer mit einer Reise durch den eigenen Körper. Fühl doch mal, ob deine Arme und Beine schon richtig gemütlich liegen. Geh mit deinen Gedanken zu deinem Rücken, und spüre, ob er fest und sicher liegt. Wenn du merkst, dass du bequem liegst und dass es auf meinem weichen Hummelfell warm und gemütlich ist, dann ist es gut. Unsere Reise kann beginnen.“

Mit einem kräftigen Brummen hebt die Hummel ab zu eurem gemeinsamen Rundflug.

Deutlich spürst du das tiefe Brummen der Hummelmotoren. Du schmiegst dich fest in den weichen Hummelpelz und liegst ganz nah und warm am Körper der freundlichen Hummel.

„Nun kommen die Erfrischungen!“, brummt die Hummel mit ihrer tiefen Stimme.

„Bitte nimm einen tiefen, wohltuenden Atemzug mit guter, frischer Luft! Dazu legst du deine Hände auf den Bauch und atmest langsam ein und wieder aus und ein und wieder aus. Mit deinen Händen spürst du, wie sich dein Bauch hebt und wieder senkt.“

Du merkst, dass du müde wirst. Das angenehme Brummen der Hummel und ihre tiefe Stimme beruhigen dich.

Jetzt begeben sich auch deine Gedanken auf eine Reise. Sie führen dich hoch hinauf an den Himmel, wo du mit den Wolken reist. Dabei fliegst du über hohe Berge und weite Ozeane. Du erfreust dich an den Walen ganz tief unter dir im Meer, die ihre weißen Wasserfontänen hoch in die Luft schicken.

Du folgst eine Zeit lang einem Vogelschwarm, der sich auf die weite Reise gemacht hat, um von Afrika wieder in die Heimat zurückzufliegen. Kraftvoll und gleichmäßig heben und senken die Vögel ihre Flügel und genießen den Wind, der sie durch die Lüfte trägt.

Auch du spürst, wie der Wind sanft über deine Haut streichelt.

Ruhig gleitest du durch die Luft dahin.

Mit den Wolken fliegst du über rote Wüsten. Langsam zieht eine Karawane durch die hohen Sanddünen. Mit langen, wiegenden Schritten schaukeln die Kamele stolz und elegant durch den heißen Wüstensand.

Du merkst, dass der Wind jetzt stärker wird und kräftiger bläst. Gut, dass du so weich und gemütlich in das warme Hummelfell eingekuschelt bist.

Die Hummel schaukelt ein wenig im Flug. Sie muss sich ziemlich anstrengen, um nicht davongeweht zu werden.

„Was für ein Wind!“, brummt die Hummel. „Am besten bringe ich dich gleich in dein Bett, damit du mir nicht noch davonschwebst!“

Die Hummel fliegt ganz dicht an dein Bett heran, dann dreht sie sich ein bisschen zur Seite und lässt dich vorsichtig in deine Kissen gleiten.

Weich und warm liegst du in deinem Bett. Warm hüllt dich deine Decke ein. Dein Körper ist angenehm müde, und es geht dir gut.

„War nett mit dir!“, brummt die Hummel. „Ich verreise gerne mal wieder mit dir!“ Aber das hörst du nicht mehr.

Deine Gedanken sind schon wieder auf der Reise. Schlaf gut, und hab schöne Träume!

Die Dschungelprinzessin

Kuschele dich ganz gemütlich in dein Bett. ꕤ Und wenn du warm und weich und ganz bequem liegst, dann schließ die Augen. ꕤ

Stell dir vor, du bist im Reich der Dschungelprinzessin.

Du spazierst unter großen Bäumen entlang, in deren Zweigen bunte Vögel zwitschern. ꕤ Überall wachsen die schönsten Blumen, sie blühen in herrlichen Farben und verströmen süßen Duft. ꕤ Im Reich der Dschungelprinzessin scheint jeden Tag die Sonne vom Himmel und wärmt die Menschen mit ihren Strahlen. Das ist sehr angenehm. Deshalb sind die Menschen dort auch so fröhlich. ꕤ Sie leben in gemütlichen Hütten mitten im Dschungel. ꕤ Die größte Hütte aber gehört der Dschungelprinzessin.

Sie ist genauso alt wie du. Ihre Haut hat einen dunklen Schimmer, und ihre Augen blitzen neugierig. Man muss sie einfach gern haben, wenn sie einen anlacht.

„Komm mit!", sagt die Dschungelprinzessin zu dir. „Ich zeige dir, was ich am liebsten habe." Und sie nimmt deine Hand und führt dich durch den Dschungel zu einem großen Elefanten. ꕤ

Ganz friedlich steht er auf einer Lichtung und scheint auf euch zu warten. Als die Dschungelprinzessin näher kommt, begrüßt er sie mit einem fröhlichen Trompeten. Du hast noch nie einen Elefanten aus der Nähe gesehen, aber du weißt gleich: Dieser hier ist ein freundlicher Elefant.

Er trägt einen Kopfschmuck mit prächtig glitzernden Edelsteinen. Auf seinem Rücken liegen weiche, seidenzarte Kissen und Decken – und aus bunten, golddurchwirkten Stoffen ist ein Zeltdach darüber gespannt.

Der Elefant hebt seinen Fuß, damit die Prinzessin und du wie auf einer Treppe in das gemütliche Zelt auf dem Elefantenrücken klettern könnt.

Es ist sehr bequem zwischen all den Kissen und Decken.

Der Elefant trottet los, langsam und gleichmäßig schaukelt ihr auf seinem Rücken durch den Urwald. Ihr seht bunte Vögel, die in den Baumkronen sitzen und süße Früchte verzehren.

Ein Äffchen hält gerade seinen Mittagsschlaf. Ganz sicher liegt es auf dem Bauch seiner Affenmama, und sie hält es fest und liebevoll in ihren Armen.

Bunte Schmetterlinge schweben so dicht an euch vorbei, dass ihr die schönen Muster auf ihren Flügeln betrachten könnt. Winzig kleine Blattschneideameisen krabbeln in langen Kolonnen die hohen Baumstämme hinauf. Beim Hinabklettern tragen sie sorgsam ausgeschnittene Blattstückchen wie kleine Segel über ihren Köpfen.

Langsam trottet der Elefant mit euch weiter.

Blätter und Blüten wölben sich über euch zu einem kunstvollen Dach. Im grünen Dämmerlicht lauscht ihr den Stimmen der Urwaldtiere und dem Rauschen der Bäume. Mit gleichmäßigem Schritt, auf leisen, weichen Sohlen, trägt euch der Elefant durch das Reich der Dschungelprinzessin. Allmählich werdet ihr, du und die Dschungelprinzessin, müde, und ihr legt euch in den weichen Kissen und Decken zur Ruhe.

Weich und warm seid ihr eingebettet zwischen all den seidig zarten Kissen. Du fühlst dich sicher und geborgen. Ganz entspannt liegst du neben deiner Freundin und spürst, wie dir die müden Augen zufallen. Du bist müde, angenehm müde. Deine Arme und deine Beine sind warm und schwer. Auf dem Rücken des Elefanten schaukelst du in beruhigend gleichmäßigem Trott durch den Urwald. Die Schritte des Elefanten wiegen dich hin und her und hin und her, so wie die Affenmama ihr kleines

Baby in den Schlaf wiegt. Du fühlst dich wohl auf seinem breiten Rücken, der dich so sicher trägt. Ein leichter Wind weht über dein Gesicht, das tut dir gut. Ganz sanft streichelt er dich. Nur noch von weitem hörst du die Tierstimmen und Geräusche des Urwaldes, die der Wind dir leise zuträgt. Du bist müde, und es ist schön, so müde und geborgen zu sein und sich auf dem kräftigen Elefantenrücken in warmen Kissen und Decken auszuruhen. Und du bist froh, dass du die Dschungelprinzessin in ihrem Reich besucht hast.

Und nun schlaf gut, und lass dich von deiner kleinen Freundin ins Land der Träume begleiten.

Sternenwinter

Es ist Herbst, aber noch wärmt die Sonne mit ihren goldenen Strahlen das Fell des kleinen Bären.

Er liegt im weichen Moos unter der alten Eiche und hat es sich genauso bequem gemacht wie du in deinem Bett. Der kleine Bär streckt sich und dehnt sich, bis sein Rücken, seine Arme und Beine den richtigen Platz gefunden haben für ein kleines Schläfchen.

Ein kühler Wind weht ihm sanft um die Nase. Wie gut das riecht! Das Bärenkind nimmt einen tiefen Atemzug, schließt die Augen und atmet die gute Herbstluft ein und wieder aus. Dann kuschelt es sich tiefer ins warme, weiche Moos.

Die Herbstluft duftet nach Äpfeln, Moos und bunten Blättern. Und sie riecht nach ... nach ... ja, was ist das für ein Duft, der da noch in der Luft liegt? Der kleine Bär kennt ihn nicht. Dieser Duft ist neu, ganz neu. Gerade jetzt weht er zum ersten Mal um die kleine Bärennase, um die Eiche, unter der er liegt, und über die Wiesen und Felder, auf denen der kleine Bär den ganzen Sommer über gespielt hat. Der kleine Bär atmet tief ein und wieder aus.

Da lässt sich der Bärenvater mit einem zufriedenen Brummen neben dem Bärenkind nieder und lehnt sich gemütlich an den Stamm der dicken Eiche.

„Hmm, ja, das ist es wohl!“, sagt er leise. „Es ist wieder so weit!“ Prüfend hält er seine schwarze Nase in die Luft und schnuppert. „Der Winter kommt bald. Ich rieche den Schnee.“

Verwundert hört der kleine Bär zu. Winter? Was ist das denn? Und was ist Schnee? Den Winter kennt der kleine Bär nicht. Als er geboren wurde, war es Frühling, und auf den Wiesen blühten bunte Blumen. Bald kam der warme Sommer, die süßen Beeren wurden reif. Jeden Tag saß der kleine Bär in der Brombeerhecke und ließ sich die süßen, saftigen Früchte schmecken.

Dann wurde es kälter, und die Vögel zogen weg. Sie sammelten sich auf den Bäumen und flogen mit den Herbststürmen davon. All das kennt der kleine Bär gut. Aber den Winter, den hat er noch nicht kennen gelernt.

„Der Winter ist kalt!“, erklärt der Bärenvater. „Zuerst kommen die Stürme, sie bringen eisige Luft und fegen die Blätter von den Bäumen. Dann fallen kleine, weiße Sterne vom Himmel, das sind die Schneeflocken. Sie glitzern und tanzen in der Luft, schweben zur Erde und decken sie mit einer weißen Decke zu. Auf Bächen und Seen wächst eine dicke Eisschicht. Da wird es schwer, etwas zum Fressen zu finden. Aber wir Bären sind schlau. Wir ziehen uns im Schneeflockensternenwinter einfach in unsere Höhlen zurück, rücken ganz dicht zusammen und halten Winterruhe. Nur an schönen, sonnigen Tagen wachen wir auf, gehen nach draußen und suchen nach Fressen. Komm mit, wir gehen zur Höhle!“

Die Bärenhöhle liegt gut versteckt hinter einem großen Felsen mitten im Wald. Mit trockenem Laub und weichem, duftigem Moos haben die Bäreneltern ihren Unterschlupf ausgepolstert.

Wenige Tage später steht der kleine Bär vor der Höhle und streckt die Nase in den Wind. Tatsächlich, es ist genau so, wie der Bärenvater erklärt hat: Wie kleine, weiße Sterne tanzen jetzt Schneeflocken vom Himmel. Ist das aufregend! Der kleine Bär versucht, die Schneeflocken zu fangen. Er springt umher und schnappt nach ihnen. Aber immer, wenn er glaubt, eine Schneeflocke gefangen zu haben, ist sie plötzlich verschwunden. Sehr seltsam! Der kleine Bär kann das nicht verstehen. Wie ein kleiner Hund tollt er auf der Wiese herum und fängt Schneeflocken. Bis er endlich erschöpft stehen bleibt. Der kleine Bär reibt sich mit seinen Tatzen die Augen und gähnt.

„Komm rein, kleiner Bär! Es ist Zeit zu schlafen!“, hört er da die Bärenmutter. Ja, jetzt freut sich das Bärenkind auf die gemütliche, warme Höhle.

Mit zartem Moos und bunten Blättern ausgepolstert lädt die Bärenhöhle zum Schlafen ein. Sie ist angenehm dunkel und warm. Der kleine Bär kuschelt sich an das weiche Fell seines Vaters. Und der hält den kleinen Bären fest in seinen Armen, wiegt ihn sanft und streichelt über sein weiches Fell. Dazu brummt die Bärenmama mit leiser Stimme ein Schlaflied. Müde fallen dem Bärenkind die Augen zu. Der kleine Bär atmet tief und regelmäßig. Fest und sicher liegt er in den starken Bärenarmen, während draußen der Sternenwinter das Land mit weißen Schneeflockensternen zudeckt.

Der kleine Bär schläft ein und träumt.

Und nun träum auch du etwas Schönes, und schlafe gut.

Die Nacht der Geschichten

So wie du jetzt auch, liegt die kleine Carolina im Bett und macht es sich in ihren vielen Kissen und unter der weichen Decke gemütlich.

Mama sitzt neben ihr auf dem Bett, streicht ihr die Haare aus dem Gesicht und knipst das Licht aus. Auf diesen Moment freut sich Carolina jeden Abend, denn dann hat sie Mama immer noch eine kleine Weile für sich. Ganz für sich allein. Und das ist schön!

Baby Jakob schläft in seiner Wiege, und Julius räumt mit Papa den Abendbrottisch ab.

Und Mama, Mama sitzt hier ganz nah bei ihr auf dem Bett und hat endlich Zeit für sie.

„Was wünschst du dir zum Geburtstag?“, fragt Mama.

Carolina muss nicht lange überlegen. „Eine Geburtstagsüberraschung von Opa!“, antwortet sie einfach nur.

Mama lacht. „Das dachte ich mir schon!“, sagt sie. „Opa wird sich für dich etwas ganz Besonderes einfallen lassen, da bin ich mir sicher!“

Carolinas Opa hat einen riesengroßen Garten mit einem richtigen Gartenhäuschen.

Das Gartenhäuschen sieht fast ein bisschen aus wie ein Hexenhäuschen. Vor dem Häuschen ist eine kleine Veranda, und darauf steht Opas Schaukelstuhl. In diesem Schaukelstuhl fallen Opa immer die tollsten Sachen ein. „Es ist ein Ideenzauberstuhl!", sagt Opa immer. „Aber man muss ihn richtig schaukeln, sonst funktioniert er nicht."

In den nächsten Tagen sitzt Opa sehr oft im Schaukelstuhl. Und wenn Carolina vorbeikommt, blinzelt Opa ihr verschmitzt zu. „Nur Geduld, junge Dame", sagt Opa, „dein Geburtstagszauber ist schon längst in Auftrag gegeben."

Endlich ist Carolinas Geburtstag gekommen.

Als Carolina morgens aufwacht, sieht sie gleich den großen Ballon, der über ihrem Bett an der Decke schwebt. Auf dem Ballon steht eine Botschaft, Opas Geburtstagsbotschaft für Carolina: „Einladung zur Nacht der Geschichten in Opas Gartenhäuschen", entziffert Carolina. Was für eine schöne Idee!

Am Abend zeigen leuchtende Fackeln Carolina den Weg durch den dunklen Garten zu Opas Gartenhäuschen.

Eine Lichterkette ist um die Veranda geschlungen, und über der Tür hängt ein goldenes Schild. „Willkommen zur Nacht der Geschichten“ steht darauf.

Neugierig öffnet Carolina die Tür und tritt ein. Der Raum ist mit Kerzenlicht erhellt, und es duftet wunderbar nach heißem Kakao, süßen, saftigen Orangen und dem frisch gebackenen Kuchen, der auf dem Tisch steht.

„Komm rein, mein Schatz!“, sagt Opa und führt Carolina in ein Zelt aus bunten Stoffbahnen, die oben am Kronleuchter befestigt sind. Auf dem Boden liegen weiche Decken und Kissen.

„Mach es dir gemütlich zur Nacht der Geschichten! Denn das ist mein Geschenk an dich“, sagt Opa geheimnisvoll.

Opa reicht Carolina eine Schale, in der viele kleine, bunte Briefchen liegen: „In jedem Brief steckt eine Geschichte für dich. Such dir das erste Briefchen aus! Ich werde dir heute so lange Geschichten erzählen, wie du wach bleiben kannst.“

Carolina zieht einen kleinen Briefumschlag mit lauter roten gemalten Herzchen. Sie öffnet ihn, und heraus fällt ein Bild von Carolina als Baby.

„Oh, was für eine gute Wahl!", freut sich Opa. „Ich werde also mit der Geschichte beginnen von dem Tag, an dem du auf die Welt kamst. Erinnerst du dich noch daran, wie es war, als du klein warst? Was hat dir am besten gefallen?"

Opa erzählt und erzählt. Carolina hört, wie Opa sie das erste Mal auf den Arm genommen hat und sie ihn mit einem kräftigen Niesen begrüßt hat. Im nächsten Umschlag findet Carolina eine kleine Perle. Welche Geschichte Opa dazu wohl erzählen wird?

Carolina fühlt sich wie eine Prinzessin unter dem Zelt aus Stoff, auf den weichen Kissen. Sie schaut auf die flackernden Kerzen und riecht den Geburtstagskuchenduft, der in der Luft liegt. Carolina macht es sich in Opas Armen bequem, schließt die Augen und hört nur noch auf Opas tiefe, freundliche Stimme.

Wie schön, so warm und entspannt in Opas Armen zu liegen und ihm zuzuhören. Wie schön, sich in die Welt der Geschichten hineinzuträumen. Opa erzählt so viele traumhafte Geschichten: die Geschichte von der Perlenprinzessin. Die Geschichte vom Lachdrachen. Und die Geschichte vom Zaubermond. Carolina wird müde. Sie merkt, wie ihre Arme und Beine schwer werden,

angenehm schwer und wunderbar warm. Carolinas Gedanken beginnen zu reisen. Bald hört sie Opas Stimme nur noch von fern. Sie atmet noch einmal den Geburtstagskuchenduft ein, der das Gartenhäuschen erfüllt, und dann ist sie eingeschlafen.

Opa hüllt Carolina in eine warme Decke. „Schlaf gut, kleines Geburtstagskind, und träume schön!“

Die Wunschfee

Mach es dir bequem, kuschele dich in deine Decke, und schließe deine Augen. Und nun hör die Geschichte von der Wunschfee.

Du spazierst auf einer großen Wiese. Viele bunte Blumen blühen dort, und das Gras unter deinen Füßen ist so weich, als würdest du auf einem dicken Teppich laufen. Du ziehst deine Schuhe aus, um das Gras besser zu spüren.

Weich und zart kitzelt es unter deinen Füßen. Es ist angenehm, auf dem weichen Graspolster zu laufen, das jeden deiner Schritte weich abfedert.

Da siehst du einen großen, bunten Schmetterling. Fast sieht es so aus, als wäre er mit Goldstaub bedeckt, so hell glitzern seine Flügel, wenn er sie im Flug öffnet und die Sonnenstrahlen sie zum Leuchten bringen. Die Sonne scheint warm und freundlich vom Himmel, und der Schmetterling genießt es, die Sonnenstrahlen zu spüren.

Warm scheint sie auch auf dein Gesicht und deinen Körper. Spür mal, wie gut sich das anfühlt, wenn die Sonnenstrahlen dich streicheln und wärmen. Du bist ganz ruhig und fröhlich, dir geht es richtig gut.

Du hüpfst und springst vor Freude, immer dem wunderschönen Schmetterling hinterher. Da kommst du zu einem Bach. Du hast ihn schon von weitem gehört, weil das Wasser so lustig plätschert. Der Schmetterling setzt sich auf eine Blume, die am Rande des Baches wächst, und trinkt von den Tautropfen, die auf der Blüte sitzen und in der Sonne schimmern. Dann erhebt er sich in die Lüfte und fliegt davon.

„Auf Wiedersehen, schöner Schmetterling!“, rufst du ihm nach. „Hab einen schönen Tag!“

Und du schaust ihm ganz lange nach, wie er davonfliegt über die Blumenwiese und das weiche Gras und sich dabei vom Wind tragen lässt, als würde er tanzen.

„Ich wünsch dir auch einen schönen Tag!“, hörst du plötzlich eine Stimme. Du schaust dich um, und da siehst du eine Fee. Sie hat lange blonde Haare und feine, fast durchsichtige Flügel. Die Fee sitzt auf der Blüte, auf der eben noch der Schmetterling saß, und lächelt dich an.

Du kannst gar nicht anders, als zurückzulächeln, so nett ist sie.

„Ich mag dich!", sagt die Fee. „Und deshalb will ich dir einen Wunsch erfüllen. Wie kann ich dir eine Freude machen?"

Da brauchst du gar nicht lange zu überlegen. „Ich möchte so schön sein wie der Schmetterling, und ich möchte in der Luft tanzen können wie er!", antwortest du.

Die Fee hebt ihren Zauberstab, schwingt ihn im Kreise, und schon hast du ein Paar kleine Flügel, wunderschöne, zarte Flügel mit silbernem Muster darauf.

Voller Freude erhebst du dich in die Luft. Wie schön es ist, die Flügel zu schwingen, wie ein Hauch durch die Luft zu schweben und den Wind zu spüren, der dich trägt! Ein kühler, milder Wind, der über deine Flügel streift und über dein Gesicht, deine Arme und Beine.

Wie angenehm das ist! Zart umweht dich der Wind. Er trägt dich und spielt mit dir und lässt dich tanzen. Und du lässt dich von ihm tragen und fühlst dich wohl. Der Wind ist dein Freund, er streichelt deine Flügel und trägt dich.

Vor lauter Freude lachst du und wirst ganz übermütig. Du machst Purzelbäume in der Luft und Pirouetten und drehst eine Schleife nach der anderen.

Die Fee freut sich mit dir. „Wie schön, dass es dich gibt!", sagt sie.

Nun berührt dich die Fee sanft mit ihrem Zauberstab, du sinkst zur Erde zurück, deine Flügel werden unsichtbar, und du bist wieder das schöne Menschenkind, das du vorher warst.

Zum Abschied umarmst du die Fee. Für einen Moment haltet ihr euch fest in den Armen, drückt euch und wiegt euch sanft und liebevoll hin und her.

„Danke, liebe Fee!“, verabschiedest du dich. „Es war schön, ein Schmetterling zu sein und mit dem Wind zu tanzen!“

Die Fee lächelt dir zu, schwingt ihren Zauberstab, erhebt sich in die Luft und schwebt davon.

„Ich komme wieder!“, hörst du die Fee noch sagen. „Eines Tages, du wirst schon sehen.“

Die Fee ist verschwunden, aber das schöne Gefühl bleibt. Du bist ruhig und glücklich.

Lass deine Gedanken kommen und gehen. Und dabei atmest du tief ein und aus. Ganz sicher liegst du in deinem warmen Bett und denkst an den bunten Schmetterling, mit dem du ins Reich der Träume schwebst.

Jetzt kuschele dich in deine Decke, und schlaf ein, kleiner Liebling. Gute Nacht!

Wenn Ihr Kind mit Traumreisen schon ein wenig vertraut ist, können Sie bei dieser Geschichte etwas längere Sprechpausen machen. Sie werden an den Reaktionen Ihres Kindes merken, wie lange es seinen Fantasien nachgehen möchte.

Traumschloss

Wenn du es dir bequem gemacht hast, wenn du deinen Platz zum Schlafen im Bett gefunden hast, dann schließ deine Augen, und geh mit mir auf Traumreise.

Schick deine Gedanken auf Wanderschaft. So wie die Wolken über den Himmel ziehen, so ziehen die Gedanken durch deinen Kopf. Der Wind weht die Wolken über den Himmel. Die großen, mächtigen Wolken ebenso wie die kleinen, zarten, die so aussehen wie Federn. Sie schweben über den Himmel und ziehen einfach weiter. Und wie die Wolken, so ziehen auch deine Gedanken weiter. Sie kommen dir in den Sinn, und du schickst sie weiter, immer weiter. Lass sie einfach vorbeiziehen.

So wie die Wolken am Himmel ihren Weg finden, so machst auch du dich auf den Weg. Du bist auf dem Weg zu deinem Traumschloss. Weit in der Ferne kannst du es schon sehen. Es steht auf einem Hügel, umgeben von einem kleinen Wäldchen.

Rechts und links von dir strecken sich hohe Bäume in den Himmel. Durch ihre Blätter fallen wärmende Sonnenstrahlen, aber unter dem Blätterdach ist es angenehm kühl.

Dein Weg führt dich an einem See vorbei. „Was für wunderbar blaues Wasser", denkst du. Du legst dich am Ufer ins Gras, stützt deinen Kopf in deine Hände und schaust in den See. Das Wasser ist so frisch und klar, dass du bis auf den Grund des Sees sehen kannst.

Die Sonne lacht vom Himmel und wärmt dich mit ihren Strahlen. Du spürst ihre Wärme auf deiner Haut, das tut dir gut. Du fühlst dich leicht und froh und warm und ganz entspannt. Und du hast Zeit. Wenn du willst, bleibst du eine Weile am See und lässt es dir gut gehen.

Nach einer Weile fällt dir das Traumschloss wieder ein. Du stehst auf, schaust noch einmal über den See und gehst dann weiter. Dein Weg führt an einer kleinen Lichtung vorbei, auf der ein paar Rehe zartes Gras fressen.

Gut gelaunt, verlässt du das kleine Wäldchen und stehst nun direkt vor deinem Traumschloss. Es ist ein ruhiger, freundlicher Ort. Schau dir in Ruhe alles an.

Gerade als du dich entschlossen hast, das Schloss zu erkunden, öffnet sich die große Eingangstür, und ein kleiner Junge mit lustigen Sommersprossen bittet dich einzutreten. „Wie schön, dass du gekommen bist!", begrüßt er dich. „Tritt ein ins Schloss deiner Träume!" Der Junge mit den Sommersprossen führt dich zu einem großen, weichen Sofa mit vielen dicken, flauschigen Kissen. „Du hast einen langen Weg hinter dir. Mach es dir gemütlich im Traumschloss!", sagt der Junge lächelnd zu dir.

„Weißt du, Träume sind etwas Wunderbares", erklärt er, als du eingemummelt in eine flauschige, warme Decke auf dem Sofa liegst und deine Arme und Beine müde von dir streckst.

„In unseren Träumen erleben wir viele schöne und aufregende Dinge. Träume erzählen uns mit ihren Bildern Geschichten, die uns sonst niemand erzählen kann. Jeder Mensch träumt genau die Geschichten, die für ihn bestimmt sind. All unsere Träume sind einmalig und ein kleines Wunder. Sie sind ein Stück von uns, ein Gemälde unserer Gedanken und Gefühle, ein Stück vom Leben."

Es ist angenehm, der freundlichen Stimme zuzuhören und etwas über Träume zu erfahren. Am liebsten möchtest du jetzt selbst etwas Wunderschönes träumen. Das gemütliche Sofa mit all seinen weichen Kissen ist ein guter Platz zum Schlafen. Du schließt deine Augen und weißt, hier geht es dir gut. Wie bequem die Kissen sind! Du merkst, dass der lange Weg dich müde gemacht hat. Angenehm müde. Auf den weichen Kissen ruhst du dich aus. Deine Arme und Beine sind müde und warm. Schwer und entspannt liegen sie auf dem kuscheligen Sofa. Du fühlst dich wohl im Traumschloss. Welcher Traum wohl heute dein Traum sein wird? Du atmest tief ein und aus, und dein Atem fließt ruhig und regelmäßig. Du atmest ein und aus und ein und aus. Du liegst warm und weich und fühlst dich sicher und geborgen. Deine Gedanken machen sich endlich auf die Reise in das Reich der Träume.

Deine Gedanken finden ihren Weg zu einem wunderbaren Traum, der dich durch die Nacht begleitet und der dir etwas erzählen will. Sei behütet in dieser Nacht, und träume schön!

Im Regenbogenland

Es gibt Tage, da ist einfach der Wurm drin. Du streitest dich, hast Ärger und bist einfach nur noch schlecht gelaunt und unzufrieden. Das kennt wohl jedes Kind. Geht es dir auch manchmal so? Oder ist vielleicht gerade heute so ein Tag gewesen? An solchen Ärgertagen ist es schwierig, abends ruhig zu werden und zufrieden einzuschlafen.

„Ist ja auch kein Wunder", wirst du sagen. Und da hast du vollkommen Recht. Aber gerade dann ist die Geschichte vom Regenbogenland genau die richtige für dich.

Um mit deinen Gedanken ins Regenbogenland zu kommen, brauchst du vor allem einen Platz, an dem du dich gut fühlst. Dein Bett ist sicher so ein Wohlfühlplatz.

Leg dich hin, ganz gemütlich auf den Rücken, und schließe deine Augen. Zuallererst spannst du jetzt deine Arme fest an. Balle ruhig auch die Fäuste, so fest du kannst. Wenn du all deine Kraft dazu nimmst, dann machst du es richtig gut.

Dann lässt du deine Arme wieder locker. Dabei atmest du erst einmal deinen Ärger und den Kummer aus, tief aus. Nun spannst du deine Beine an, so fest du kannst, ganz fest. Dann lässt du sie wieder locker. Und jetzt zieh eine Grimasse, eine richtig wütende Grimasse, dabei spannst du deine Gesichtsmuskeln fest an und lässt sie wieder locker. Lege nun deine Hände auf den Bauch. Spürst du, wie sich dein Bauch beim Atmen hebt und senkt? Du atmest tief ein und aus und lässt deine Gedanken kommen und gehen.

Mach es dir im Bett noch bequemer. Fühl mal, ob deine Arme und Beine jetzt ihren Platz gefunden haben und sich ausruhen können. Geh mit deinen Gedanken zu deinen Schultern, zu deinem Hals und deinem Kopf, und spüre, ob sie bequem liegen. Fühl die warme Decke, die auf deinem Körper liegt. Sie ist weich und warm und hüllt dich ein. So ist es gut.

Atme noch einmal tief ein und wieder aus. Jetzt kann die Geschichte vom Regenbogenland beginnen.

Ins Regenbogenland zu kommen ist gar nicht so schwer. Nur immer der Nase nach. Beim ersten Vogelzwitschern nach rechts und dann den kleinen Pfad entlang, der dich den Berg hinaufführt.

Oben schaust du dich um nach dem dicken, mit Moos bewachsenen Felsen. Dort darfst du dich ausruhen, bevor du den letzten Teil des Weges gehst.

Du legst dich auf den moosbewachsenen Felsen und genießt die Sonnenstrahlen, die auf deinen Bauch scheinen. Sie wärmen dich. Die Wärme der Sonne durchströmt deinen Körper. Auch das Moos, auf dem du liegst, ist weich und sonnenwarm. Du bist müde von diesem anstrengenden Tag, an dem du Ärger und Kummer hattest. Mach es dir bequem auf dem sonnig warmen, moosbewachsenen Felsen. Auf dem weichen Moos können deine Arme und Beine gut ausruhen. Entspannt und ruhig und schwer liegst du auf dem Bett aus Moos. Fühl mal das weiche, warme Moos unter deinem Rücken. Du kuschelst dich tief hinein. Das tut dir gut. Was für ein angenehmer Platz. Hier willst du dich ein Weilchen ausruhen.

Wie du so auf dem Moosbett liegst, kannst du es genau hören: das Rauschen eines Wasserfalls. Hör mal das zarte Rauschen aus der Ferne. Ganz weit weg und ganz leise. Wie es dort wohl aussieht? Neugierig stehst du auf und läufst in die Richtung, aus der das Rauschen kommt. Immer besser kannst du es hören, immer kräftiger wird das Rauschen.

Und plötzlich glitzert die Luft um dich herum wie tausend Sterne.

Die feinen Wassertröpfchen des Wasserfalls schweben wie bunte, funkelnde Edelsteine in der Luft. Prächtig glitzern sie in allen Farben des Regenbogens.

Schau nur, wie schön es hier ist! Das Wasser des Regenbogenwasserfalles rauscht in einen kleinen See.

Und über dem Wasserfall spannt sich ein leuchtender Regenbogen.

Du bist also angekommen. Du bist am Regenbogenwasserfall im Regenbogenland.

Der Regenbogenwasserfall kann Sorgen und Kummer wegspülen.

Auch du kannst dem Wasserfall deine Sorgen anvertrauen, und seine Wasser werden sie mitnehmen.

„Ich gebe dir meine Sorgen“, denkst du, als du deine Kleider ablegst.

„Ich gebe dir meine Sorgen“, denkst du, als du in das klare Wasser steigst und zu dem rauschenden Wasserfall läufst.

„Ich gebe dir meine Sorgen“, denkst du, als du dich unter den Regenbogenwasserfall stellst.

Das warme Wasser prasselt kräftig auf deine Schultern. Es ist schön, die Kraft des Wassers zu spüren. Das Wasser prasselt auf deine Schultern, warm hüllt es dich ein und fließt weiter.

„Ich gebe dir meine Sorgen“, sagst du zu dem Wasser. „Nimm sie mit und trag sie fort, ich kann sie nicht mehr brauchen.“

Und das Wasser prasselt auf deine Schultern, hüllt dich ein mit Wärme und spült deine Sorgen von dir ab. Es nimmt sie mit und trägt sie fort. Du schaust dem fließenden Wasser nach und fühlst dich leicht und frei. Es tut gut, seine Sorgen abzugeben. Es macht dein Herz leicht und den Kopf wieder klar.

Du merkst, wie müde du bist, angenehm müde und so herrlich zufrieden. Du steigst aus dem Wasser und legst dich ans Ufer ins warme Gras. Du blickst dem Wasser nach, wie es funkelnd und rauschend weiterfließt. Dein Körper ist warm und schwer. Es geht dir gut. Deine Augen fallen zu, und du kannst ruhig einschlafen.

Hab eine gute Nacht!

Wissenswertes über Fantasiereisen

Vom Tag zur guten Nacht: Rituale und Stillespiele

Für Kinder ist es oft schwierig, aus der Aktivität des Tages zur Ruhe der Nacht zu finden. Allabendliche Rituale können sie dabei unterstützen. Immer wiederkehrende Handlungsabläufe bieten Kindern gerade dann, wenn sie müde und quengelig sind, die nötige Klarheit und Orientierung.

Kinder lieben Rituale, weil sie ihnen Sicherheit und Ruhe vermitteln. Das „Zubettgehen“ beginnt also bereits weit vor dem Moment, in dem das Kind sich in sein Bett legt.

Abendrituale helfen Kindern, stufenweise den Übergang vom Spiel zur Nachtruhe zu finden. Körperliche Aktivität gehört genauso dazu wie anschließende ruhigere Tätigkeiten und Spiele, das gemeinsame Abendessen, das Gespräch mit Eltern und Geschwistern, Waschen und Zähneputzen und das eigentliche Zubettgehen. Lieder, Geschichten, gemeinsame Gebete und Fantasiereisen können dann am Ende eines abendlichen Rituals stehen und Ihr Kind in die Welt der Träume begleiten.

Im Bett fühle ich mich wohl

In seinem Bett muss sich ein Kind so richtig wohl fühlen können. Es sollte ein Ort sein, an den es sich gemütlich zurückziehen und geborgen die Nacht verbringen kann. Dazu gehören nicht nur hübsche Bettwäsche, die Anwesenheit des Lieblingsteddys oder vielleicht ein Betthimmel, unter dem sich Kinder wie in einer Höhle geborgen fühlen, sondern auch die Erfahrung, die ein Kind mit seinem Bett und dem Zubettgehen macht. Wer zur Strafe ins Bett muss oder das Bett oft als Schauplatz des Zubettgehdramas erlebt, für den ist das eigene Bett nicht unbedingt ein Platz zum Wohlfühlen. Verbindet Ihr Kind jedoch geliebte Abendrituale mit dem Zubettgehen, kann es sich den ganzen Tag auf diese gemeinsamen, gemütlichen Momente freuen.

Äußere Ordnung bedeutet innere Ordnung

Auch das Aufräumen und Lüften des Kinderzimmers kann zum festen Teil des Abendprogramms werden und Ihrem Kind helfen, den Tag abzuschließen. Dabei geht es darum, ein wenig Ordnung in das Chaos zu bringen und alles so weit wegzuräumen, dass ein nächtlicher Weg zur Toilette ohne stolpern möglich ist. Und darum, dass sich Ihr Kind bei einem kurzen Aufwachen in der Nacht im Dämmerlicht leichter orientieren kann: Das ist der Stuhl, darauf liegen meine Kleider. Im Regal sitzt meine Puppe, es ist alles so wie am Abend, als ich eingeschlafen bin.

Kinder im magischen Alter von etwa vier bis acht Jahren haben eine blühende Fantasie. Da tauchen nachts schon mal Gespenster, Hexen und wilde Räuber im Kinderzimmer auf. Ein kurzer schlaftrunkener Blick in ein übersichtliches Kinderzimmer kann dabei helfen, festzustellen, dass alles „seine Ordnung hat".

Wenn Gespenster das Einschlafen verhindern

Es wird nicht viel nützen, wenn Sie Ihrem Kind erklären, dass es Hexen gar nicht gibt und dass Gespenster nur in Filmen existieren. Wenn Ihr Kind im magischen Alter ist, erlebt es seine Fantasie- und Traumgestalten als real. Sie sind einfach da – und Sie können Überzeugungsarbeit leisten, so viel Sie wollen. Besser ist es, Sie gehen auf die Ängste Ihres Kindes ein und überlegen gemeinsam, wie die unheimlichen Wesen, die Ihrem Kind Angst vor dem Einschlafen machen, am besten zu vertreiben sind. Vertrauen Sie darauf, dass Ihr Kind passende Lösungen finden wird. Wenn es überlegt, wovor Hexen und Gespenster Angst haben und was sie gar nicht leiden können, dann wird Ihr Kind wunderbar kreative Abwehrlösungen finden. Ob nun das Polizeiauto Wache hält, das kleine Nachtlicht die Gespenster Reißaus nehmen lässt oder ob ein Zauberspruch nötig ist: Die Strategien, die Ihrem Kind einfallen, werden besser wirken als jede Lösung, die Sie vorgeben könnten. Beziehen Sie den Abwehrzauber, wenn Ihr Kind danach verlangt, doch einfach in das abendliche Ritual mit ein.

Körperliche Aktivität baut Stress ab

Viele Kinder, die am Abend noch einmal so richtig aufdrehen, agieren so ihre Anspannung aus, die sich während des Tages in ihnen angesammelt hat. Bauen Sie deshalb am besten körperliche Aktivität schon in das Tages- und in das Vorabendprogramm Ihres Kindes mit ein. Vom gemeinsamen Spaziergang bis hin zur Tobezeit – jede Form von körperlicher Betätigung baut Stress ab und erleichtert den Übergang in eine ruhige Phase am frühen Abend. Durch eine Stilleübung oder ein ruhiges Spiel können Sie Ihr Kind optimal auf das Zubettgehen einstimmen.

Spiele, die zur Ruhe führen

Übungen zur sinnlichen Wahrnehmung mögen die meisten Kinder gerne. Sie erleben und genießen die Ruhe, die sich im Spiel bei ihnen einstellt. Die Konzentration auf eine Tätigkeit oder auf die Wahrnehmung mit möglichst nur einem Sinn stellt einen Ausgleich dar zur Reizüberflutung, der viele Kinder während des Tages ausgesetzt sind. Ob im Rahmen des Abendrituals oder als Ruheinsel im Tagesverlauf, wichtig ist, dass Ihr Kind sich gerne auf die Stillespiele einlässt und sie genießen kann.

Tastsäckchen

In ein kleines Säckchen oder in einen Korb, über den ein Tuch gebreitet ist, legen Sie einige Dinge, die Ihrem Kind vertraut sind. Das können ganz unterschiedliche Gegenstände sein oder auch sehr ähnliche wie zum Beispiel die drei schönsten Muscheln seiner Muschelsammlung.

Bei kleineren Kindern können Sie die Gegenstände auch gemeinsam aussuchen und unter dem Tuch verstecken.

Ihr Kind darf dann mit geschlossenen Augen – nur über das Ertasten mit den Händen – erraten, welche Dinge Sie eingepackt haben. Die geschlossenen Augen verhelfen zur Verbesserung der Wahrnehmung, zu größerer Konzentration und damit auch zum Ruhigerwerden.

Hörrätsel

Genauso spannend wie das Ertasten von Gegenständen ist für Kinder das Erraten von Geräuschen. Mit geschlossenen Augen wird Ihr Kind erstaunlich viele Geräusche erraten, die es aus dem Alltag kennt und die Sie ihm vormachen. Spannend und entspannend zugleich ist eine erzählte Geräuschegeschichte, in der die verschiedenen Höreindrücke in die Handlung eingebettet werden.

Geschmacksrätsel

In das Abendessen ließe sich folgende Sensibilisierungsübung einbauen: Mit geschlossenen Augen erschmeckt Ihr Kind einige Nahrungsmittel. Sobald der Sehsinn ausgeschaltet ist, wird das Essen zu einem ganz neuen Geschmackserlebnis. Nach demselben Prinzip könnten Sie Ihr Kind verschiedene Obstsorten erschmecken oder erriechen lassen.

Mandalas legen oder ausmalen

Mit erstaunlich großer Ruhe und Konzentration sind Kinder dabei, wenn sie aus besonders schönen Dingen Mandalas (kreisförmig angelegte Muster mit einem Zentrum) legen dürfen. Das mögen besondere Steine oder Schneckenhäuschen sein, die sie auf einem Spaziergang gefunden haben, vielleicht auch bunte Bauklötze. Vorschulkinder und Schulkinder haben oft eine ganze Sammlung von für sie wichtigen und wertvollen Dingen, die in einem gelegten Mandala besondere Wertschätzung erfahren.

Eine schöne Decke auf dem Boden, ein kleiner Tisch, ein Tablett, darauf ein hübsches Teelicht, und dann kann Ihr Kind beginnen, für jeden seiner Schätze den richtigen Platz zu finden. Vielfach werden auch Malvorlagen mit Mandala-Mustern angeboten, die Ihr Kind nach seinem Geschmack ausmalen kann.

Leise Entspannungsmusik oder ein ruhiges klassisches Musikstück können die Beschäftigung mit Mandalas begleiten.

Erinnerungsreise durch den Tag

Lassen Sie doch einmal im Gespräch mit Ihrem Kind den vergangenen Tag oder auch ein bestimmtes Ereignis noch einmal Revue passieren. Dabei kann der Schwerpunkt auf Wahrnehmungen und Gefühlen liegen, die vielleicht im unmittelbaren Geschehen gar nicht so deutlich wurden. So können beispielsweise

nach einem Sonntagsspaziergang am See das Geräusch der ans Ufer laufenden Wellen, die schnatternden Enten im Schilf oder die angenehme Sonnenwärme noch einmal ins Gedächtnis zurückgeholt und vertieft werden. Erzählen Sie diese Geschichte selbst oder gemeinsam mit Ihrem Kind. Dabei sind die Augen geschlossen. So kommen die kleinen, stillen, wohltuenden Momente des Tages noch einmal zum Tragen.

Wohlfühlmassagen

Kinder genießen es, in den Arm genommen zu werden, und brauchen ihre Schmuseeinheiten. Zärtlicher Körperkontakt wirkt beruhigend, vermittelt Halt und Sicherheit. Neben Fußmassagen oder bei Kindern beliebten Massagen mit dem „Igelball" gibt es auch einige kleine Massagegeschichten, die mit Worten und liebevollen Händen erzählt werden können.

Begleiten Sie z. B. auf dem Rücken Ihres Kindes mit abwechselnd zarten und kräftigeren Berührungen die Geschichte vom Bauern, der sein Feld durchpflügt, seine Pflanzen sät und das Unkraut rupft. Der Regen prasselt auf das Feld, und die Wildschweine graben es mit ihrer Schnauze um. Zum Schluss streicht der Wind sanft über das Feld, und die Ähren wiegen sich im Wind ...

Nach ähnlichem Muster lässt sich die Bienenkönigin von ihren Bienen versorgen oder der kleine Prinz von seinen Dienern waschen, die Haare einschäumen, trockenrubbeln und eincremen ...

Auf vielfältigen Wegen ins Reich der Fantasie

Fantasiereisen für Tag und Nacht

Fantasiereisen für Tag und Nacht

Fantasiereisen zur Entspannung am Tag dienen als Ruhepausen und frischen Energien auf. Sie haben überall dort ihren Sinn, wo Kinder oder Kindergruppen, sei es zu Hause, im Kindergarten oder in der Schule, nach Trubel und Anstrengung auch Pausen brauchen, um anschließend erholt und entspannt wieder weiterspielen oder weiterarbeiten zu können.

Fantasiereisen können dennoch auch schwierige Situationen aus dem Kinderalltag aufgreifen. Beängstigende Träume, Streit mit Freunden oder die Eifersucht auf Geschwister mögen das Thema einer Fantasiereise sein. Während Kinder im Alltag immer wieder erleben, dass ihre Handlungsmöglichkeiten begrenzt sind, üben sie in ihren inneren Bildern auf fantasievolle Weise die unterschiedlichsten Möglichkeiten zur Konfliktbewältigung. Dieser kreative Prozess setzt Kräfte und positive Gefühle frei, die Kinder in ihr alltägliches Leben einbringen können und die sie stärken.

Bei Tagesfantasiereisen findet am Ende der Entspannungsphase immer eine Rückführung statt. Das heißt, die Fantasiereisenden werden angeleitet, durch Strecken und Dehnen der Gliedmaßen, einige tiefe Atemzüge und bewusstes Wahrnehmen der konkreten Umgebung wieder ganz in den Wachzustand zurückzukehren.

Fantasiereisen für Tag und Nacht

Fantasiereisen zur guten Nacht, die vor dem Einschlafen vorgelesen werden, helfen Kindern beim Übergang vom Tag in die Nacht. Deshalb arbeiten sie hauptsächlich mit Bildern der Ruhe und Geborgenheit. Die Geschichten helfen den Kindern, nach den Aufregungen des Tages zur Ruhe zu kommen, und ermutigen sie, Probleme beiseite zu legen und einen versöhnlichen Tagesabschluss zu finden, um in Ruhe schlafen zu können. Auf eine Rückführung kann deshalb in diesem Fall verzichtet werden.

Geführte und teilweise geführte Fantasiereisen

Der Zuhörer bleibt in geführten Fantasiereisen relativ dicht bei den erzählten Bildern und den darin angeregten sensitiven Wahrnehmungen. Das macht diese Form der Fantasiereisen besonders geeignet für all diejenigen, die ihre ersten Erfahrungen mit Fantasiereisen sammeln.

Geführte Fantasiereisen

Detaillierte Erzählbilder kennzeichnen diese Art der Geschichten:

... Du liegst auf der Luftmatratze und lässt dich sanft vom Wasser schaukeln. Du schließt die Augen und hörst das leise Glucksen des Wassers. Wie angenehm das ist. Die Sonne scheint auf deinen Bauch und wärmt dich mit ihren Strahlen. Du spürst ihre Wärme auf deinem Bauch ...

Teilweise geführte Fantasiereisen lassen mehr Freiräume, die der Zuhörer mit eigenen Vorstellungen füllen kann. Das bedingt immer wieder kleinere oder größere Erzählpausen, die vom Erzähler gutes Einfühlungsvermögen und ein sicheres Gespür für die Fantasiereisenden verlangen.

... Deine Wanderung führt dich an einen kleinen See. Ein Ruderboot liegt im Wasser und schaukelt sanft vor sich hin. Ja, hier möchtest du ein Weilchen bleiben ...

Fantasiereisen mit Elementen des autogenen Trainings

Das autogene Training ist eine heute weit verbreitete Entspannungsmethode. Entwickelt wurde sie von J. H. Schultz (1884–1970). Im Rahmen seiner Hypnosetherapien berichteten Patienten von einem angenehmen Gefühl der Ruhe, Schwere und Wärme, das sie nach der Hypnose empfanden: Wieder zurückgekehrt, fühlten sie sich körperlich und seelisch entspannt und wohl. Aus diesen Erfahrungen entwickelte Schultz eine Übungsform zur Selbstentspannung, das autogene Training. Zentrale Elemente dieser Entspannungsmethode sind die Imaginationen von Ruhe, Wärme und Schwere.

Elemente des autogenen Trainings

Bei regelmäßiger Übung gelangt der Körper relativ schnell in einen Zustand der Entspannung, wird besser durchblutet und dadurch angenehm warm.

In Fantasiereisen können nun Elemente dieser Entspannungstechnik eingebunden werden und so die beruhigende und entspannende Wirkung einer Fantasiereise weiter fördern. Hier ein Beispiel aus der Geschichte „Die Dschungelprinzessin“:

... Weich und warm seid ihr eingebettet zwischen all den seidig zarten Kissen. ☁ Du fühlst dich sicher und geborgen. ☁ Ganz entspannt liegst du neben deiner Freundin und spürst, wie dir die müden Augen zufallen. ☁ Du bist müde, ☁ angenehm müde. ☁ Deine Arme und deine Beine sind warm und schwer ...

Fantasiereisen mit Atementspannung

Viele Entspannungsmethoden arbeiten mit der Atembeobachtung. Dabei kann die Konzentration auf den Atemfluss gelenkt werden, etwa wenn die entspannt liegenden Kinder ihre Hände auf den Bauch legen und spüren, wie sich die Bauchdecke beim Ein- und Ausatmen hebt und senkt.

Atem-
entspan-
nung

Der Atem kann aber auch in Fantasiereisen mit Bildern und Fantasien verknüpft werden. So mag vielleicht in einer Fantasiereise das Bild entstehen, auf einer Bergwiese zu liegen, die klare Bergluft einzuatmen und bei jedem Ausatmen etwas von der eigenen Anspannung oder von dem Ärger, den man gerade hat, auszuatmen. Im „Reisebüro Hummel“ findet diese Methode Anwendung:

... „Bitte nimm einen tiefen, wohltuenden Atemzug mit guter, frischer Luft!“, brummt die Hummel. Dazu legst du deine Hände auf den Bauch und atmest langsam ein und wieder aus und ein und wieder aus. Und mit deinen Händen spürst du, wie sich dein Bauch hebt und wieder senkt ...

Fantasiereisen mit progressiver Muskelentspannung

Über den bewussten Wechsel von Anspannung und Entspannung einzelner Muskelgruppen wird der Körper besser durchblutet – er erwärmt und entspannt sich. Bekannt ist diese Entspannungsmethode unter dem Namen „Progressive Muskelentspannung“, entwickelt von Edmund Jacobson (1885–1976). In der Geschichte „Im Regenbogenland“ wird sie angewandt:

Muskelentspannung

... Leg dich hin, und zuallererst spannst du deine Arme fest an. Balle auch die Fäuste, so fest du kannst. Wenn du all deine Kraft dazu nimmst, dann machst du es richtig gut. Und dann lässt du deine Arme und Fäuste wieder locker. Dabei atmest du erst einmal deinen Ärger und den Kummer aus, tief aus ...

Die Verwendung von Klangschalen und Musik

Bewusst eingesetzte Klangschalenklänge können in Fantasiereisen die Wirkung einzelner Worte oder Sätze erhöhen. Ihre Schwingungen erreichen Kinder auf einer noch tieferen Ebene als gesprochene Worte, sie können Gefühle auslösen oder Bilder wachrufen und damit z. B. wesentliche Aussagen einer Geschichte betonen.

Es gibt auch Fantasiereisen, die sich hauptsächlich auf unterschiedliche Klangschalenklänge konzentrieren. In diesem Fall werden die Klänge von kurzen Sätzen begleitet. Beide Varianten wirken sehr entspannend.

Fantastische Klänge

Ob bei Fantasiereisen sanfte Hintergrundmusik eingesetzt werden soll, hängt ganz davon ab, inwieweit die Fantasiereisenden dies als angenehm empfinden.

Es ist gut, so wie du bist

Im Idealfall macht ein Kind viele Erfahrungen, die ihm ein positives Selbstbild vermitteln und es stark machen. Dazu gehören durchaus auch Erfahrungen mit schwierigeren Gefühlen wie Angst, Eifersucht, Wut, Unsicherheit, Trauer und Neid. Je selbstverständlicher ein Kind auch mit diesen Gefühlen angenommen wird, umso besser wird es damit umgehen können und daran wachsen. Durch die Nähe bei gemeinsamen Fantasiereisen spürt ein Kind, dass seine Eltern bereit sind, es mit der ganzen Vielfalt seiner Gefühle zu akzeptieren.

Es ist gut, so wie du bist

Fantasiereisen sind eine der Möglichkeiten, die Eltern haben, auch in schwierigen Situationen ihrem Kind zu zeigen: Es ist gut, so wie du bist.

Fantasiereisen für Kinder berühren mit ihren Bildern und Geschichten kindliche Bedürfnisse, Gefühle und Themen.

In Fantasiereisen ist das Kind Hauptperson der Geschichte oder wird sich mit der Hauptperson identifizieren. Es kann sich im sicheren Rahmen der Fantasiereisen auf seine Gefühle und Bedürfnisse einlassen und kreativ mit ihnen umgehen. All seine Gefühle werden wohlwollend angenommen. So sammelt es Erfahrungen, die in der realen Welt manchmal vielleicht nicht möglich wären, und erprobt Handlungsstrategien, die es eines Tages auch in der Wirklichkeit umsetzen kann.

Die richtige Fantasiereise für mein Kind

Fantasiereisen sind nicht nur angenehme Geschichten mit entspannender Wirkung. Sie können auch die Entwicklung von Kindern hilfreich unterstützen. Auf jeder Altersstufe erkunden und erfahren Kinder ihre Umwelt mit ganz speziellen Fähigkeiten und Wahrnehmungsmöglichkeiten. Jeder Entwicklungsschritt stellt sie vor neue Aufgaben und Herausforderungen. Fantasiereisen können nun diese Herausforderungen aufgreifen und den Kindern somit eine zusätzliche kreative Möglichkeit bieten, sich mit ihnen auseinander zu setzen.

Fantasiereisen für Kindergartenkinder

Ein kurzer Überblick über die zentralen Themen der verschiedenen Entwicklungsstufen von drei bis zehn Jahren soll Ihnen die gezielte Wahl passender Geschichten für Ihr Kind erleichtern.

Kindergartenalter

Das vierte Lebensjahr ist das Alter der Warum-Fragen. Die Kinder erfragen alles, was sie interessiert, und erfahren, inwieweit ihre Ansprechpartner bereit sind, auf sie einzugehen. Für viele Kinder, die in den Kindergarten kommen, heißt es, sich ein Stück weit aus der Beziehung zur Mutter zu lösen und eine kleine neue Welt mit anderen Bezugspersonen zu erobern. Fantasiereisen können die Kleinen ermutigen, mit anderen in Kontakt zu treten und darauf zu vertrauen, dass sie auch in der neuen Situation umsorgt werden.

Vorschulalter

Zwischen dem dritten und fünften Lebensjahr werden gleichaltrige Spielkameraden immer wichtiger. Die Kinder planen Spiele miteinander, besprechen, was sie tun wollen und kommentieren die Handlungen anderer. Mit großer Freude schlüpfen sie in verschiedene Rollen.

Fantasiereisen für Vorschulkinder

Fantasie und Realität sind in dieser Zeit eins, deshalb können erdachte Fantasiegestalten reale Ängste auslösen. Die Zeit der „magischen Phase“ beginnt.

Kinder im Vorschulalter erleben immer bewusster ihre eigenen Möglichkeiten und Grenzen. Dabei kommt es häufig zu Auseinandersetzungen mit den Eltern und zu Konflikten mit Spielkameraden. Kinder wollen jetzt wissen, wie weit sie mit ihren Aggressionen gehen können, und fordern mit ihrem Verhalten Grenzen ein, die ihnen Sicherheit geben.

In Fantasiereisen können Kinder dieser Altersstufe einen geschützten Raum für ihre Ängste, Gefühle und Unsicherheiten finden. Das baut Anspannung und Hemmungen ab und erleichtert es den Kindern, sich auf neue Situationen einzulassen.

Die Erfahrung, auch mit Wut im Bauch ernst genommen zu werden, erleichtert es ihnen, mit der eigenen Wut umgehen zu lernen und sinnvolle Möglichkeiten zur Konfliktbewältigung zu finden.

Grundschulalter

Im Alter zwischen sechs und zehn Jahren beginnt die Suche der Kinder nach ihrer Identität als Mädchen oder Junge. In der klaren Abgrenzung zum anderen Geschlecht scheint die Suche nach dem eigenen Ich zunächst leichter.

Mit dem Ende der vierten Klasse steht in vielen Bundesländern der Übertritt in die weiterführenden Schulen an. Für viele Kinder ist dies eine schwierige Phase, setzen sie sich doch intensiv mit dem Abschied von Schulfreunden, von der vertrauten und zumeist auch behüteten Grundschulatmosphäre auseinander.

Fantasiereisen für Grundschulkinder

In Fantasiereisen können sich Kinder aller Altersstufen mit ihren Gefühlen, Träumen und Unsicherheiten auseinander setzen und immer wieder in der Fantasie schon ein Stück des Weges gehen, den sie im realen Leben noch suchen.

Reise zur Ruhe – Reise zur Kreativität

Gut geführte und liebevoll begleitete Fantasiereisen wirken sehr entspannend für Körper und Seele. Schon nach ersten angenehmen Erfahrungen mit Fantasiereisen wissen Kinder ihre wohltuende Wirkung zu schätzen. Sie genießen die ruhige Atmosphäre und die intensive Zuwendung, die sie vom Erzähler der Geschichten erfahren.

Regelmäßig eingesetzt zeigen Fantasiegeschichten auch längerfristig ihre positive Wirkung. Kindern, die sich am Tag unruhig und unausgeglichen zeigen, die nur schwer zur Ruhe kommen, gelingt es abends oft nur schwer, in den Schlaf zu finden. Oft ist auch ihr Schlaf gestört. Ihre Tiefschlafphasen sind nicht häufig und nicht tief genug, um dem kindlichen Organismus die nötige Erholung zu verschaffen. Hilfreich zeigen sich hier mit der Zeit Fantasiegeschichten mit Anteilen aus dem autogenen Training, wie sie in diesem Buch vorgestellt werden. Imaginationen von Ruhe, Schwere und Wärme unterstützen den Entspannungsprozess.

Fantasiereisen regen immer auch die kindliche Fantasie an. Dabei sind sie ausgesprochen individuell, denn jedes Kind wird die Geschichten mit seinen ureigensten Bildern und Gefühlen füllen und sich im geschützten Rahmen der Fantasiereisen besser kennen lernen.

Indem sie Worte finden für Gefühle und Themen, die Kinder bewegen, leisten Fantasiereisen einen wichtigen Beitrag zur sprachlichen Förderung von Kindern. Gerade im Zustand der Entspannung, bequem liegend und mit geschlossenen Augen, sind Kinder besonders aufmerksam für den Klang der Sprache und erfassen die Bedeutung vieler Worte, die noch nicht zu ihrem aktiven Wortschatz gehören, intuitiv.

Reise zur Kreativität

Und sprachliche Förderung ist gleichzeitig auch Förderung der Intelligenz.

Fantasiereisen machen vielfältige Angebote an die kindliche Neugierde und den Verstand, sie sprechen die Fantasie und Kreativität der Kinder an. Zugleich bieten sie einen Raum, in dem Kinder mit Wohlwollen angenommen werden und individuelle Erfahrungen sammeln können. Ermutigende und stärkende Erfahrungen.

Damit sie in sich ruhen können,
damit sie in ihrer Einzigartigkeit
für sich die Welt erobern können
und damit ihrer Fantasie Flügel wachsen.

Sabine Kalwitzki lebt in München und ist Grundschullehrerin. Sie liebt es, mit ihren Schulkindern Theater zu spielen und Geschichten zu erzählen. Seit einigen Jahren schreibt sie Kinderbücher für all die fröhlichen, mutigen, frechen, nachdenklichen, verträumten und wunderbaren Kinder, die mit beiden Beinen auf der Erde stehen und zugleich mit dem Kopf über den Wolken schweben können.

Hildegard Müller wurde 1957 geboren. Sie hat in Darmstadt Grafik-Design und in Mainz Kunsterziehung studiert. 1985 machte sich die Grafikerin selbstständig und arbeitet seitdem für verschiedene Kinderbuchverlage und Zeitschriften. Eine besondere Leidenschaft von Hildegard Müller ist das Erfinden neuer Geschichten für Kinderbücher, die sie dann auch selbst illustriert.

Und zum Weiterträumen ...

Weitere Titel:
Du schaffst das schon!
Wird schon wieder gut!
Vertragen wir uns wieder?
Das hast du toll gemacht!

Weil ich dich lieb hab,
will ich mich kugeln und Purzelbaum schlagen,
dich Tag und Nacht auf Pfoten tragen,
will Regenbogen vor Wolken malen,
mit der Sonne um die Wette strahlen,
will Sterne wie Blumen vom Himmel pflücken,
dich über und über damit schmücken.

Ein Bilderbuch – einfach zum Liebhaben!